I0081859

NOUVEAU MÉMOIRE POUR SERVIR A L'HISTOIRE DES CACOUACS.

attribué au S.r Moreau, Avocat.

Fas mihi Graïorum sacrata resolvere jura;
Fas odisse viros, atque omnia ferre sub auras.

Virg. En. libr. II.

AMSTERDAM.

MDCCLVII.

AVERTISSEMENT.

SI cette Relation tomboit par hazard entre les mains de quelques Cacouacs, on croit devoir les prévenir ici que l'Auteur n'a pas eu intention d'en attaquer aucun en particulier. Leurs mœurs peuvent être en contradiction avec leurs principes ; mais

mais, s'il leur eſt permis d'expoſer ceux-ci, de les défendre, de les ſoutenir même, il ne doit pas être défendu à un Citoyen de les trouver déraiſonnables & dangereux.

NOUVEAU MÉMOIRE POUR SERVIR A L'HISTOIRE DES CACOUACS.

L'AUTEUR anonime qui, dans le Mercure du mois d'Octobre dernier, a voulu donner une idée des Cacouacs, ne paroît pas assez au fait de leur caractére & de leur gouvernement. En récompense on voit qu'il a contre eux une haine vigoureuse. Soit qu'il ait été maltraité

 par

par ces peuples, ſoit qu'il ſoit par tempéramment un peu porté à la colere, ſon ſtile à quelque choſe d'aigre & d'amer, qui fait que l'on ſe défie de ſon jugement. D'ailleurs il ne donne qu'une notion très-imparfaite de cette Nation; & il eſt très-important pour le bien de la Société qu'on la connoiſſe à fonds.

J'AI VÉCU pendant quelque tems avec les Cacouacs. Je fus d'abord leur priſonnier; ils me naturaliſerent enſuite; je devins leur frere; &, ſi le charme eût été un peu plus fort, j'aurois pû parvenir chez eux aux plus grandes Dignités. Mais bien me prit de n'avoir été enſorcellé qu'à demi, & mieux encore

core de trouver mes libérateurs dans une Nation leur ennemie. Je puis au moins parler ſçavamment de leurs principes, de leurs mœurs, & même de leur magie. Peut-être les ferai-je mieux connoître que l'Auteur dont je prends la liberté de combattre la rélation. La maniere dont ce peuple a vécu avec moi, m'a donné ſur tout cela des lumieres que ne peuvent avoir ceux qui ne le connoiſſent que par ouï-dire.

Les Cacouacs ne ſont point des Sauvages. Ils ont beaucoup d'eſprit, de la politeſſe, des connoiſſances, des Arts. Ils poſſédent même dans un degré ſupérieur celui des enchantemens. Leur origine, ſi on les en croit, remonte juſqu'aux Titans qui voulurent eſcalader le Ciel. Mais, comme les enfans en ſçavent toujours plus que leurs peres, les Cacouacs ſoutiennent aujourd'hui que leurs Ancêtres étoient des Viſionnaires, & qu'ils firent la plus haute folie, non de vouloir combattre contre les Dieux, mais de ſuppoſer qu'ils exiſtoient. Ils ajoutent que la Foudre qui écraſa Typhon, leur Chef, n'étoit qu'un météore très-naturel, ſur le chemin duquel lui & ſes Confréres eurent le malheur de ſe rencontrer. J'ai cru d'abord, quand ils m'ont expoſé leurs idées ſur la Divinité, qu'ils avoient contre elle quelque reſte de rancune;

mais

mais ils m'ont dit tant de raisons, qu'à la fin je les ai jugés ou convaincus, ou fort prêts de l'être, ou du moins très-curieux de le paroître. Nouvelle preuve & très-évidente que les Cacouacs ne sont point des Sauvages. Car les Hurons même croyent un Dieu, & en conviennent bonnement.

Les Cacouacs habitent sous des tentes pour marquer leur indépendance & leur liberté. Aussi ne connoissent-ils point de Gouvernement. L'Anarchie est une de leurs maximes fondamentales : car, comme ils sont persuadés que c'est le hazard qui a réuni les individus de l'espéce humaine, destinés d'abord à vivre isolés dans les forêts, ils

ils ne veulent s'écarter que le moins qu'il est possible de cette institution primordiale, si conforme à la Nature de l'homme. Ils ne nient pas cependant que cette espéce d'animal n'ait acquis l'habitude de commercer avec ses semblables, & qu'ayant peu à peu perfectionné ses connoissances, il n'ait usurpé quelqu'empire sur les autres machines vivantes. Mais comme cette supériorité dont l'homme jouit, tout au plus depuis six mille ans, ne décide rien pour le droit, & qu'en pareille matiere il seroit absurde de vouloir payer les ours de prescription, ils sont convaincus qu'il n'y a point de quadrupede qui ne puisse à ſon tour prétendre à l'honneur de régner ſur le genre animal. Dans cette ſuppoſition ſi vraiſemblable, les Cacouacs ne s'enorgueilliſſent point du préſent de la Raiſon, qui leur vient de la fineſſe qu'ont reçue par ſucceſſion les organes de leurs peres, mais ſeulement de l'uſage qu'ils en font ; & comme il peut fort bien arriver par la viciſſitude des choſes, que les lions ou les chevaux, aillent un jour à la chaſſe aux hommes, ou les mettent à l'écurie, ces peuples ont la prudence de ne former aucun projet vaſte, ni pour l'univerſalité du genre humain, ni pour leurs propres individus. Quelques-uns même commencent à croire que l'on n'eſt point éloigné de cette grande révolution ; * & pour favoriſer, autant qu'il eſt en eux, le cours de la Nature, ils ont pris le parti de ſe conduire dès à préſent par l'inſtinct, en attendant tranquillement que les bêtes dont les facultés ſe développent peu à peu, ſe conduiſent par la Raiſon.

On peut juger de la régle de leur conduite par les maximes de gouvernement qu'ils ont adoptées. Selon eux les loix naturelles ſont des chiméres ; tout eſt fondé ſur l'uſage, & ſur une convention li-

* Un Auteur Cacouac eſt perſuadé que les Cerfs ont déja acquis de la Raiſon : peu s'en faut qu'il ne fixe l'âge où ils jouiſſent de cet avantage. Voyez le *Dict. Encycloped.* au mot *Cerf.*

bre ,

bre dont le motif eſt l'intérêt de chaque particulier. Or, comme cet intérêt peut varier, s'il eſt vrai, dans quelques climats de l'Europe, qu'il faille demeurer fidéle à ſon ami & lui reſtituer le dépot, ce peut être tout le contraire au Japon : la preuve en eſt ſimple, & à la portée de tout le monde. Il n'y a ni vérité ni vertu hors de l'homme qui l'apperçoit ou qui la pratique; & tout le monde ſçait que l'homme eſt un animal changeant. Ce qui m'a ſingulièrement étonné, c'eſt que ces peuples ont toujours à la bouche les mots de *Vérité* & de *Vertu*. Ils affichent la Vérité; ils étalent par-tout la Vertu. Il ſemble qu'ils en ayent à revendre. J'ai

vu

vu des Cacouacs qui, montés ſur deux tréteaux, crioient à tous les paſſans, juſqu'à en être enroués, *Vertu de la Chine*, *Vertu des Indes*, *Vertu d'Eſpagne*; *Vérités du Mexique*, *Vérités de la Grande Tartarie*; à peu près comme nos Charlatans crient, *Baume du Perou*, *Baume de la Mecque*. Ainſi parmi ces peuples il n'y a qu'à s'entendre, & cette multitude de vertus fait qu'elles y ſont à bon marché. On eſpère même qu'un jour tout Cacouac pourra choiſir dans tous les Climats du monde, celle qui lui conviendra le mieux. Il n'y aura pour cela qu'une ſeule précaution à prendre. C'eſt de ſe faire naturaliſer dans le pays dont les mœurs lui

lui auront paru plus conformes à ſon temperamment, ou d'y faire, comme on dit en France, *élection de domicile*; alors il pourra porter par-tout la vertu qu'il aura une fois adoptée. Après une convention auſſi utile au genre humain, tant pis pour qui ſera malhonnête homme, car il n'aura tenu qu'à lui d'être vertueux.

Juſques à préſent les Cacouacs n'en ſont point encore venus à ce choix commode. Car ils ſont perſuadés que l'on doit embraſſer la vertu du pays ou l'on eſt né, par la même raiſon qu'il eſt honnête de ſe ſervir des étoffes qui s'y fabriquent, & qu'il eſt néceſſaire de s'y nourrir des fruits qui y croiſſent.

ſent. Ils croyent donc que tout homme ſenſé doit examiner avec ſoin, ce qui eſt bien ſous le degré du méridien ou il vit, &, s'il ne s'accommode pas de ce genre de Bien, paſſer ſous un autre degré, plutôt que violer les uſages reçus. On ne doit pas s'étonner après cela, s'ils diſent que celui qui ne croit point en Dieu, *n'en eſt que plus obligé d'être homme de Bien* :* car, plus nous avons de facilités pour agir, plus nous ſommes blamables ſi nous n'agiſſons pas : Or, il faut avouer que ces peuples, en ſecouant l'idée de la Divinité, ont ouvert aux hommes tous les

* Voyez *Le Fils naturel.*

moyens

moyens poſſibles d'être vertueux en ſe paſſant d'elle.

Lorſqu'une de leurs Colonies va chercher un établiſſement dans quelque pays lointain, leurs Chefs ont tous l'aſtrolabe à la main. Ils examinent d'abord l'état du Ciel; ils obſervent enſuite la nature du terrain, la qualité des eaux & juſqu'aux vapeurs qui s'élevent à l'horiſon. C'eſt par le réſultat de toutes ces combinaiſons qu'ils décident ſi, dans le nouveau Climat qu'ils ſe propoſent de peupler, on doit être bienfaiſant ou cruel, fidéle à ſes engagemens ou perfide, attaché à ſa femme ou adultére, ſoumis à ſes parens ou révolté contre eux. Mais, comme les

les obſervations peuvent être fautives, & que d'ailleurs la Nature ne parle pas toujours aſſez clairement, les Cacouacs ne ſont point obſtinément attachés à leurs découvertes ſur cette morale ambulante, & ils ſont toujours diſpoſés à pardonner les erreurs qui ne vont qu'à ce que, nous autres Eſclaves des préjugés de notre jeuneſſe, nous appellons *dépravation de mœurs*.

En un mot, les Cacouacs étudient la Nature en tout. Ils ne lui bâtiſſent point de Temple, parceque cela auroit l'air d'un Culte; & que les Titans leur ont laiſſé pour maxime, qu'il faut connoître & non adorer. Mais ils ſont attentifs

tentifs à ſa voix ; ils examinent ſa marche : il la trouvent, & dans l'inſtinct des bêtes, & dans leurs propres inclinations. » Si la vüe peut » nous tromper, le ſentiment, di» ſent-ils, eſt un guide fidéle «. C'eſt ce ſentiment qui leur a appris que l'homme n'eſt point fait pour être gouverné, & que les peres n'ont tout au plus ſur leurs enfans que le droit de les nourrir & de les habiller, tant que ceux-ci ne peuvent ſe paſſer de ce ſecours. * Si, par cette raiſon frappante, l'autorité paternelle eſt nulle chez eux,

* Voyez le *Gouvernement Civil* de Locke. Voyez le *Diſcours ſur l'inégalité parmi les hommes*, pag. 47. & note 10. Voyez auſſi pluſieurs autres Ouvrages des *Cacouacs*.

en

en récompenſe la reconnoiſſance des enfans y eſt moins que rien. Et en effet, que doit-on à des gens qui nous ont mis au monde pour leur plaiſir ; qui n'ont pas eu l'eſprit de nous choiſir, ni la bonté de nous aimer avant que nous exiſtaſſions ?

Avec tout cela ils ne ſont point ſi méchans que le ſuppoſe l'Ecrivain que je combats. Car, au défaut des loix dont ils n'ont point voulu ſe former l'idée importune, ils reſpectent, comme je l'ai dit, les coutumes établies. Ainſi ils ne tuent point, parceque dans tous les pays qu'ils ont habités, ils ont trouvé établi l'uſage de faire pendre quiconque ôtoit la vie. Pour le vol, il ils ne ſe permettent que celui des penſées des autres, & cela parce-que les hommes n'ont point encore eu l'*injuſtice* de circonſcrire des * bornes à ce genre de poſſeſſions.

Ils ſont grands parleurs : leur langage a quelque choſe de ſublime & d'inintelligible qui inſpire le reſpect & entretient l'admiration. Tout dans leur diſcours eſt image, ſentiment, paſſion même ; car ils ont découvert que l'enthouſiaſme † étoit le moyen le plus ſûr pour connoître la propriété des choſes. Ils ont raiſon, car s'il n'y a point de vérité commune à tous les hommes, à quel point fixe les

* *Diſcours ſur l'inégalité parmi les hommes*, p. 95.
† *Entretiens* à la ſuite du *Fils naturel*.

Cacouacs pourroient-ils s'accrocher pour les perſuader ? Or, leur goût général eſt de régner par la perſuaſion. Il faut donc qu'ils la faſſent conſiſter dans cet étonnement qui naît du bruiant des figures, de l'énergie des mots, de la rapidité des images qui ſe ſuccédent & ſe chaſſent, en un mot de ce tranſport qui ſaiſiſſoit quelquefois la Pithie ſur le trépied ſacré ; & qui s'eſt une fois emparé d'un Chef Cacouac à l'aſpect d'un torrent, d'une montagne couverte de forêts, & d'un orage qui grondoit à quelques lieues de lui.

Au reſte, s'ils ſont quelquefois forcés d'abandonner le talent de perſuader, ils ne manquent jamais

d'avoir

d'avoir recours à l'art de ſéduire. Ils voudroient que tous les peuples de l'Univers devinſſent Cacouacs. Ce n'eſt point par amour de la Patrie ; je l'ai dit ; ils n'en ont point. Mais c'eſt qu'il eſt beau d'être admiré par un plus grand nombre. Dans ce deſſein ſi louable ils cherchent à s'emparer des eſprits, ils prodiguent la louange dans l'eſpérance qu'on la leur rendra au centuple. Si on y manque, ils commencent par gémir en ſecret ; au bout de quelque tems, ils s'apperçoivent qu'ils n'ont loué qu'un imbécille, & tôt ou tard ils trouvent à ſe vanger d'un ingrat.

Avec cette humeur ſi douce, ils ne laiſſent pas quelquefois de faire la guerre. Ils aiment que l'on marche à eux au bruit de la trompette. Le fracas que font leurs ennemis inſpire à ces peuples un nouveau courage. Ils ſemblent s'applaudir des préparatifs que l'on a faits pour les attaquer. Ils ont une légèreté admirable dans leurs évolutions, & trouvent le moyen de parer tous les coups en caracollant. Auſſi leurs voiſins ont ils déſeſpéré de les vaincre ; ils ſe contentent aujourd'hui de les écarter. Une petite Nation, dont j'aurai occaſion de parler ſur la fin de ce Mémoire, à trouvé un moyen infaillible pour y parvenir. Quand lesCacouacs s'avancent ſur ſa frontiere, ce peuple vient à eux les

ſifflets

ſifflets à la main. Ce petit inſtrument a déſolé les vainqueurs. La trompette ennemie les animoit. Le ſifflet les fait fuir & les diſperſe. On dit que les Auteurs de cette invention s'apprêtent à la communiquer aux peuples voiſins, chez leſquels les Cacouacs font des excurſions. Par-là ceux-ci ceſſeront d'être redoutables. Ils borneront leur gloire à faire priſonniers quelques malheureux étrangers qui, en ſe promenant dans leur voiſinage, n'auront pas eu la précaution de ſe munir de ſifflets.

Après avoir donné ce peu de notions ſur les principes, & ſur le gouvernement des Cacouacs, je pourrois entrer dans quelque détail ſur leurs connoiſſances ; ſur leurs Arts, & en particulier ſur l'eſpéce de magie qu'ils exercent pour s'attacher à jamais les priſonniers qu'ils font. Mais comme je ne pourrois que rapporter ce que j'ai vu, j'aime mieux raconter ici en peu de mots, par quelle avanture je tombai entre leurs mains, ce qui m'arriva parmi eux, & comment j'échappai aux deſſeins qu'ils avoient formés ſur moi.

Malheureuſement j'ignorois encore l'uſage des ſifflets, lorſque dans une partie de chaſſe que je faiſois aſſez proche de la Colonie des Cacouacs, je m'écartai de mes Compagnons. Cette Nation étoit alors en campagne, & au moment

ou

où je m'y attendois le moins, je me vis environné d'un parti de ses guerriers. Je fus désarmé au bruit d'une musique Italienne *, que j'eusse assez goûtée sans la terreur qui s'empara de mes sens. On me fit marcher par les plus beaux chemins du monde. Les guerriers m'environnoient avec un air riant dont je ne m'apperçus qu'au bout d'une demi-heure; & après que j'eus repris mes sens; le plus âgé de la troupe, me dit: » Ne crains rien, jeune homme,

* Les Cacouacs aiment beaucoup la musique. Il y a eu un tems où elle pensa exciter chez eux une guerre civile. Un de leurs anciens s'avisa de soutenir que ce que ses Adversaires appelloient une *Musique* n'en étoit point une, & peu s'en fallut que l'on ne se battît.

» tu ſeras libre. Connois les Ca-
» couacs : ils furent toujours les
» bienfaiteurs du genre humain.
» Ils n'ont excité dans le monde
» ni guerres civiles, ni diſcordes
» funeſtes entre les parens. Ces
» maux cruels ſont l'ouvrage de la
» Superſtition. Qui ne craint point
» un Dieu, ne ſçait ce que c'eſt que
» de troubler l'Univers « *.

Je ne ſçavois à quel propos on me tenoit un pareil diſcours, & j'ouvrois de grands yeux dans leſquels on pouvoit lire mon étonnement & ma crainte, lorſqu'en tournant la tête j'apperçus mon

* Un des Chefs Cacouacs les plus renommés a fait pluſieurs Ouvrages, & entre autres une *Hiſtoire Univerſelle* pour prouver cette importante propoſition.

fidéle domeſtique qui ſuivoit mes pas. Il m'avoit vu de loin & avoit volé. Il me fit ſigne qu'il ne m'abandonneroit point. Je fus raſſuré; j'avois une confiance entiere en ce garçon, le plus vertueux & le plus religieux des hommes. Mes parens le regardoient comme un ami : hélas ! pourquoi a-t-il vécu chez les Cacouacs ? s'il ne les avoit pas connus il me ſerviroit encore, & n'auroit pas été ſe faire pendre à Francfort où il finit l'année paſſée ſa malheureuſe carriere.

Je reviens à mon voyage : nous arrivames dès le ſoir au camp de mes nouveaux maîtres. On me fit entrer dans une tente parfumée. J'apperçus un lit de roſes dont

l'odeu

l'odeur, quoiqu'agréable, ne laiſſoit pas de porter à la tête. J'étois las ; je me couchai ſur ce lit : on me ſervit à manger ; & lorſqu'enſuite je voulus repoſer, j'apperçus aux deux côtés de mon chevet deux caſſolettes d'argent. Il en ſortoit une petite fumée d'encens dont il fallut bien m'accommoder. Je crus que tel étoit l'uſage de chaque habitant de la Colonie : mais on m'a dit depuis que cet honneur ne ſe faiſoit qu'aux Etrangers.

Je commençois à m'endormir, lorſque je fus réveillé par un vieillard vénérable qui portoit un livre. Il s'inclina profondément devant moi, & me dit, avec la voix la plus douce, ces paroles qui me firent trembler.

trembler. » Jeune homme prends » & lis : * ſi tu peux aller juſqu'à » la fin de cet ouvrage, tu ne ſeras » pas incapable d'en entendre un » meilleur. Un plus habile † t'ap- » prendra à connoître les forces de » la Nature ; il me ſuffira de t'avoir » fait eſſayer les tiennes : adieu ». Le vieillard ſe retira dans l'inſtant; & ſans le livre qui reſta ſur mon lit, j'aurois regardé ſa viſite comme une viſion.

Je ne comprenois rien à ce qui ſe paſſoit. J'étois priſonnier & je

* *Interprêtation de la Nature*, Avertiſſement.

† Ce mot, *un plus habile*, chez les Cacouacs ne déſigne point leurs Docteurs. C'eſt un titre commun qu'ils ſe donnent tous les uns aux autres, & que chacun en particulier ſe flatte de mériter à l'excluſion de tous.

n'en

n'en pouvois douter. Cependant, au lieu d'un cachot obſcur auquel je m'étois attendu, je me voyois couché ſur des roſes, entouré de parfums, & un livre à la main ; je paſſai une partie de la nuit à le lire. Je ne l'entendis point. Je dormis tranquillement. Je lus encore à mon réveil, & je n'entendis pas mieux. Mais je ſentis commencer en moi une révolution dont je ne pouvois deviner la cauſe. Mon imagination s'échauffoit, mon poulx s'élevoit, & ma reſpiration devenoit plus forte. Il me ſembloit que dans un moment d'yvreſſe la faculté de ſentir s'emparât peu à peu de mon ame toute entiere, & que la faculté de raiſonner

ner s'éteignît dans la même proportion. Je me levai; je me promenois à grands pas dans ma tente, & je remarquois avec ſurpriſe, que lorſque j'approchois des deux caſſolettes, je ne pouvois plus même réfléchir ſur mon état. » Ah Dieu ! » (m'écriai je en m'éloignant, » & jettant le livre que je n'avois » point encore quitté) je ſuis ici » chez des Enchanteurs. Jamais les » poiſons de Circé n'eurent un effet » plus prompt. Quel eſt le ſort qui » m'attend ? dois-je donc éprou- » ver celui des Compagnons d'U- » liſſe « ?

» Non mon fils (s'écria le vieillard qui m'avoit apparu la veille, & qui entra dans ma tente au moment

ment que j'achevois ces mots)
» Non mon fils, tu ne ſeras point
» changé en bête. Nous voulons
» au contraire t'élever au rang des
» Sages. Ne crains rien de cette
» eſpéce de transformation que tu
» éprouves. Cette fermentation
» ſourde des molecules organi-
» ques qui composent ton être,
» t'annonce la victoire que la ma-
» tiere vivante doit bientôt rem-
» porter ſur la matiere morte. Tu es
» ſous la main de la Nature, laiſſe-
» toi conduire à ſon impulſion «.

J'avois lu la plûpart de ces mots dans le livre que j'avois jetté par terre, &, à la clarté dont ils me parurent dans la bouche du vieillard, je crus qu'avec un peu plus

plus d'attention je pourrois un jour les entendre dans le livre myſtérieux. » Ah! mon pere, m'é-
» criai-je, votre voix me raſſure,
» elle eſt pour mon ame ce qu'un
» vent doux & rafraichiſſant eſt à
» nos corps après les brûlantes ar-
» deurs de la canicule. Je me con-
» fie à vos ſoins : que mon être
» n'eſſuie aucune dégradation. O
» Nature! ô ma mere je m'aban-
» donne à toi «.

Je dois obſerver pour la fidélité de l'hiſtoire que lorſque je diſois de ſi belles choſes, mon vieillard me tenoit par la main, & m'avoit conduit peu à peu juſqu'auprès des caſſolettes; il s'aſſit avec moi ſur mon lit, & m'annonça que

dans

dans un moment j'allois connoître les Principaux de la Colonie.

Un instant après les rideaux de ma tente furent relevés, & je vis entrer une nombreuse compagnie de Cacouacs, hommes & femmes. Il n'y eut personne qui ne m'embrassât avec tendresse; point de bouche qui ne louât, & ma figure, & mon esprit, & les rares connoissances que j'avois acquises, & celles même que j'étois capable d'acquérir. Le vieillard me présentoit les Dames. Je n'avois eu jusques-là qu'une idée de moi assez commune. J'étois étonné, j'étois enchanté de l'impression que je faisois sur ce peuple. Toutes mes défiances, toutes mes craintes se dissipoient:

diſſipoient : mais plus je trouvois de charmes dans cette opinion flatteuſe que je commençois à prendre de mon rare mérite, plus j'affectois un air calme, modeſte, timide, bien différent des mouvemens que je ſentois dans mon ame ; car mon yvreſſe n'étoit point ceſſée.

Lorſque l'on fut las de me louer ; (car pour moi je ne me laſſois point d'entendre mon éloge) on fit entrer des Joueurs d'inſtrumens : la muſique fut biſare, mais vive & animée. Une femme l'interrompit en me diſant : » Jeune-homme, que » penſez vous de ces ſons ? n'ont-» ils pas créé en vous des ſenſa-» tions délicieuſes ? n'ont-ils pas

» même généraliſé vos idées ? à
» combien de ſciences la muſique
» ne nous conduiroit-elle pas ? ô
» mon fils ! tout ſe tient dans la
» Nature : tout eſt lié par une chaî-
» ne éternelle ; mais rien ne l'eſt
» plus eſſentiellement aux ſenſa-
» ſions du Plaiſir que la connoiſ-
» ſance de la Vérité «.

Alors tous les Cacouacs commencerent à parler à la fois. Le vieillard fit ſigne que l'on ſe tût ; &, pour me donner lieu de faire briller mon eſprit, il propoſa lui-même quelques queſtions ſur leſquelles on étoit bien aiſe d'avoir mon ſentiment. Il demanda, par exemple, *ſi la matiere morte* * *ſe*

* *Interprêtation de la Nature*, pag. 201.

com-

combine avec la matiere vivante ? Comment se fait cette combinaison ? Quel en est résultat ?

Ici je m'apperçus qu'il avoit jetté quelques pastilles dans la cassolette qui touchoit à mon bras gauche. Je me sentis transporté : je dis des choses admirables, & dont j'ai totalement perdu le souvenir. Elles exciterent un applaudissement universel, & si bruiant qu'on fut obligé plusieurs fois de crier *silence* pour entendre une autre question proposée par une femme très-jolie. Il s'agissoit de sçavoir : *Si les moules * sont les principes des formes ? Ce que c'est qu'un moule ? Si c'est un être réel &*

* *Ibid*, pag. 199.

préexiſtent, ou ſi ce n'eſt que les limites intelligibles d'une molecule vivante unie à de la matiere morte ou vivante; limites déterminées par le rapport de l'Energie en tout ſens, aux réſiſtances en tout ſens.

Etrange effet de la caſſolette ! Je commençois à entendre à merveille tout cela; &, lorſque mon tour fut venu de parler, à peine eus-je dit quatre mots que toutes les femmes s'écrierent : » Il a trouvé le nœud de la difficulté : illuſtre Interprête de la Nature, que » tardez-vous à l'initier à nos myſtéres « !

On ſortit alors, & le vieillard, après m'avoir embraſſé, m'aſſura que je pouvois me regarder comme me libre ; parcourir la Colonie & regarder les Cacouacs comme mes freres. Il ajouta qu'avant qu'il fût quatre jours, ils n'auroient plus rien de ſecret pour moi.

Alors, mon laquais entra pour me ſervir. » Valentin, lui dis-je, » il y a près de vingt-quatre heu-» res que je ne t'ai vu. Qu'es-tu de-» venu? Ah mon cher Maître ! me » répondit-il, que j'ai appris de » choſes depuis que je ſuis ici ! » Quelle douceur dans ces Etran-» gers ! Eſt-il poſſible que nous les » ayions regardés juſqu'ici comme » des Barbares ? Hier à peine ſça-» vois-je lire. J'ai trouvé ici toutes » les ſciences : je ſçai déja la muſi-» que, & j'apprends la morale «.

Je m'étois trouvé tant d'eſprit pour raiſonner ſur les *Moules*, ſur les *Molecules vivantes* & ſur les *limites de l'Energie*, que je n'étois pas ſurpris de voir Valentin devenu Muſicien en vingt-quatre heures. Je l'envoyai faire de ma part des complimens aux Cacouacs les plus diſtingués. Je ſortis l'après-midi. J'allai aux lieux où ſe tenoit la bonne compagnie ; par-tout on ſe levoit pour me faire honneur. On n'étoit occupé que du jeune Etranger qui avoit parlé avec tant de raiſon & d'éloquence. Je continuai à briller ; les idées m'étoient venues : mais, ſi quelquefois elles me manquoient, j'avois de grands mots à mettre à leur place, & j'obſerj'obſervois que c'étoit alors que l'on applaudiſſoit le plus vivement. Dès le ſoir on m'envoya deux *Odes* à ma louange, & quelques Poëtes Cacouacs me firent demander l'honneur d'aſſiſter le lendemain à ma toilette.

Je paſſai ainſi trois jours à converſer avec les Cacouacs, à lire leurs écrits, à m'inſtruire de leurs mœurs, enfin à me former une idée juſte de cette Nation. J'ai dit plus haut tout ce qui m'en eſt reſté.

Le quatriéme jour, dès le lever du ſoleil, le vieillard qui m'avoit rendu viſite tous les matins, ſe préſenta à la porte de ma tente. Il étoit vétu d'une étoffe groſſiere.

Ses cheveux étoient mal peignés, & ses mains crasseuses. Deux jeunes Cacouacs qui l'accompagnoient étoient vétus & parés à peu près de la même maniere. Il m'appella ; je sortis de ma tente, pour le prier de vouloir bien attendre que j'eusse achevé de me faire habiller. » Mon fils, me dit-il, » le tems de ta préparation est » achevé. Tu vas goûter les plaisirs les plus dignes de l'homme. » Tu vas devenir un véritable Ca- » couac. Tu connoîtras la Nature. » Ses trésors vont s'ouvrir à ta vue. » Songes désormais à soutenir la » gloire de notre Nom. Elle sera » la tienne propre. Elle n'est fon- » dée ni sur l'élévation des Dignités,

» tés, ni ſur le faſte de l'opulen-
» ce. Laiſſe là le ſoin de ta paru-
» re. Que tout ton extérieur affi-
» che la modeſtie, la ſimplicité,
» la pauvreté même. La ſingula-
» rité de ton habillement, & juſ-
» qu'à l'épaiſſeur de la ſemele de
» tes ſouliers doivent annoncer que
» tu n'es point un être ordinaire.
» Si les imaginations ſont une fois
» frappées de l'idée de ton mérite,
» tu ne peux trop affecter de dé-
« daigner les bien-ſéances com-
» munes. Caches-toi alors pour
» être mieux découvert. Il faut fuir
» les hommes ſi l'on veut en être
» recherché. Ils ſont ſi fort ac-
» coutumés à mépriſer ceux qui
» leur reſſemblent, qu'un vrai Cacouac

» couac ne doit reſſembler qu'à » lui-même «.

Quand le vieillard ne m'auroit pas dit tout cela, ſon extérieur dégoûtant eût ſuffi pour m'apprendre qu'il alloit être queſtion des plus grandes choſes. Après l'avoir écouté j'eus bientôt fini ma toilette ; & pour ſurpaſſer s'il ſe pouvoit mon guide, je dis à Valentin que je ne ſerois raſé de huit jours. Je pris ſon habit qui étoit d'un drap fort épais, & j'envoyai chercher une perruque brune qui avoit au moins dix ans. Chauſſé avec de gros bas de laine, je pris un bâton à la main, & je parus aux yeux du vieillard dans la douce eſpérance de n'être plus déſormais

ſormais occupé que de mes qualités intérieures, & avec le plaiſir d'imaginer que les hommages dont je ſerois l'objet, ne s'adreſſeroient uniquement qu'à la ſupériorité de mes talens, & à la ſublimité de mes connoiſſances.

Les deux Açolythes qui ſuivoient mon vénérable Cacouac entrerent dans ma tente après que j'en fus ſorti; ils prirent les deux caſſolettes, y mirent des paſtilles, & marcherent gravement à côté de nous. Les rues du camp étoient remplies d'une foule de peuple qui nous admiroit. Les femmes nous ſuivoient des yeux, les hommes ſe proſternoient pour nous ſaluer. Nous marchames lentement

pour

pour nous laisser voir ; & nous arrivames après une demi-heure à l'arsenal des Cacouacs, ou plutôt au magasin de toutes leurs richesses.

C'étoit une vaste & magnifique tente de satin brodé, partagée en deux appartemens ; ou plutôt c'étoient deux tentes réunies qui ne composoient qu'un seul corps, & qui communiquoient l'une dans l'autre. Les rideaux intérieurs de la premiere étoient de couleur d'azur ; on y voyoit en broderie, & sous des figures allégoriques, les Sciences, les Arts, les Plaisirs, les Amours. La Géométrie y étoit représentée en Reine portant sa tête dans les Cieux, & mesurant

de

de son compas un monde que la Physique construisoit auprès d'elle: celle-ci paroissoit jetter dans le vuide des noyaux de verre qu'une foule de Génies venoient ensuite couvrir d'eau & de poussière. Plus loin on voyoit la Morale assise aux pieds de la Nature ; elle avoit la tête non chalamment panchée sur des pavots ; des régles de toute espéce, & les mesures de tous les Pays étoient pêle mêle sur ses genoux ; d'une main elle appelloit les Plaisirs, & de l'autre elle montroit à l'Amour mille fleurs qu'elle l'invitoit à parcourir. Celui-ci, dans un autre endroit, brisoit les chaînes de l'Hymen, & lui attachoit des aîles ; il paroissoit sou-

rire

rire en voyant des animaux ſe careſſer ; & ſous ſes pieds on voyoit écrit en lettres, couleur de feu, *Il n'y a de bon que le Phyſique* *. Sur un autre rideau on voyoit grouper enſemble la Muſique, la Danſe, la Tragédie. La premiere avoit dans la phyſionomie quelque choſe de fier & de bruſque. La Danſe & la Tragédie paroiſſoient occupées à ſe donner mutuellement

* *Voyez* dans l'Ouvrage d'un Cacouac très-verſé dans l'*Hiſtoire Naturelle*, cette magnifique & très-Poëtique deſcription de l'Amour, qui commence par ces mots, *Amour, Déſir inné, Ame de la Nature*, &c. &c. Et après laquelle, pour la plus grande union des ménages, on conclut judicieuſement qu'il eſt utile, & même agréable à un mari de coucher avec ſa femme ; mais que c'eſt pour lui un malheur de l'aimer, & qu'il vaudroit bien mieux s'en tenir à l'appétit des bêtes.

des

des leçons. La premiere exécutoit une action théâtrale. La seconde apprenoit de la danse, le geste des mains, & le mouvement de la tête. » Tant il est vrai, disois-je en » moi-même, que les Cacouacs se » font un devoir de faire entrer » par les sens les vérités les plus » sublimes, & de toujours plaire » en instruisant «.

J'admirai d'abord cette variété de figures, dont l'élégance me charmoit. Mon guide avoit pendant ce tems-là les regards fixés sur une table longue, couverte d'instrumens de Mathématiques, de Globes & de différens papiers qu'il me paroissoit parcourir des yeux avec l'attention & la com-

plaisance

plaiſance d'un pere de famille qui fait la revüe de ſes richeſſes. Les deux jeunes gens m'avertirent de faire d'abord le tour de cette table. Ils doublerent la doſe de l'encens, & marcherent à mes côtés. J'étois environné d'une fumée odoriferante à travers laquelle je ne laiſſois pas d'appercevoir pluſieurs projets d'ouvrages qui vraiſemblablement devoient exercer les talens des laborieux Cacouacs qui, trois fois par ſemaine s'aſſembloient dans cette ſalle. C'étoit là, me dit-on, le foyer où devoient ſe réunir tous les rayons du feu élémentaire : c'étoit auſſi là le centre d'où ils devoient enſuite ſe réfléchir pour éclairer l'Univers.

nivers. Je lus en paſſant quelques-uns de ces papiers merveilleux. Je trouvai écrit ſur l'un, *Syſtême d'Hiſtoire Univerſelle, ſur lequel l'Auteur arrangera les faits, & où il ſe propoſera uniquement d'établir, que l'Homme eſt un animal ſot & malfaiſant; que preſque tous les Princes ont été des vauriens, & les hommes d'Etat des fripons.* J'en vis un dont le titre étoit : *Nouvelle fabrique d'un Monde à la Comete.* Sur un autre je lus ces mots: *Traité des Régnes animal & végétal, & du développement ſucceſſif de leurs elémens éternels* * *dans lequel on ſe propoſera de prouver qu'il eſt poſſi-*

* Voyez *les Penſées ſur l'Interprêtation de la Nature*, pag. 191.

ble que l'Embriyon formé de ces Elémens ait paſſé par une infinité d'organiſations, & ait eu par ſucceſſion du mouvement, de la ſenſation, des idées, de la penſée, de la réflexion, de la conſcience, des ſentimens, des paſſions, des ſignes, des geſtes, des ſons articulés, une langue, des loix, des Sciences & des Arts.

Ce dernier titre me fit peine. J'adreſſai la parole au vieillard, & je lui dis : » Mon pere, je con-
» çois à merveille comment un elé-
» ment matériel vient, à force de
» mouvement & d'organiſations,
» juſqu'à acquérir une *Conſcience*,
» & même une *Conſcience* timorée.
» Mais en démontrant tout cela
poſſible,

» possible, il me semble aussi que » l'on démontrera possible qu'il n'y » a point de Dieu, ou ce qui revient » au même qu'il n'y en a point d'au- » tre que cette matiere élémentai- » re, éternelle & éternellement en » mouvement. Or, l'existence d'un » Dieu, cette Vérité de mon pays » est une Vérité précieuse à bien » d'autres Nations. Vous allez » allarmer l'Univers, & moi-mê- » me je sens, que je ne puis déra- » ciner de mon ame l'idée que j'ai » toujours eue d'une Divinité in- » telligente & bienfaisante «.

Le vieux Cacouac fronça le sourcil, & me répondit gravement. » Jeune homme réfléchis avant » d'interroger tes Maîtres. Nos

» Sages ne démontreront que la » possibilité, & non le fait. Mais » quand tu seras rempli de nos lu» mieres, tu verras que l'objection » que tu viens de me faire, est la » seule que le Vulgaire ignorant » puisse opposer à cette sublime » hypothése : * au reste nous ne » prétendons point t'arracher sur » le champ toutes les erreurs de » ton enfance ; elles doivent tom» ber d'elles-mêmes, comme la dé» pouille du serpent le quitte au » Printems. Continues de lire, peut » être trouveras-tu des choses qui » surpasseront moins ta foible por» tée «. Dans ce moment mes deux guides éclaterent de rire, d'une

* *Ibid* pag. 153, 154, & suiv.

façon

façon assez insultante pour moi.

Cet air railleur, & le ton de supériorité qu'avoit pris le vieillard m'humilierent un peu ; mais la cassolette me calma. Je continuai de parcourir la table, & je vis tout au bout dans un coin une autre feuille sur laquelle je lus : *Plan d'une Religion universelle à l'usage de ceux qui ne peuvent s'en passer, & dans laquelle on pourra admettre une Divinité, à condition qu'elle ne se mêlera de rien.* Je dois l'avouer ici, la fumée du parfum m'avoit tellement monté à la tête que je trouvai cette merveilleuse idée, la plus satisfaisante de toutes. Le vieillard s'apperçut de l'approbation que je donnois à ce que j'avois

 lû,

lû, & dit tout haut : » Mon fils ; » récueillez en vous-même toutes » les facultés de votre ame. Que » vos *ſenſations qui ſont le moule* » *de toutes vos idées* * s'anéantiſ- » ſent un moment pour faire place » à la grande & vigoureuſe ſenſa- » tion qui va renouveller votre » être «. Il dit, &, me prenant d'u- ne main, il ſouleve de l'autre le voile qui ſéparoit la tente où nous étions, d'avec celle où il me con- duiſoit. Nos deux compagnons reſterent derriere nous. Le vieil- lard & moi nous entrames ſeuls. Il s'arrête & me laiſſe obſerver un moment cette ſeconde enceinte.

Elle étoit de ſatin blanc & ſans

* *Lettre ſur les Aveugles*, pag. 58.

broderie. La terre y étoit jonchée des débris d'une foule de livres qui avoient été mis en piéces. C'étoit, me dit-il, les dépouilles des erreurs & des préjugés vaincus. J'y lûs des noms que le monde entier étoit accoutumé à respecter ; les Hiſtoires les plus anciennes & les plus authentiques, les Philoſophes les plus renommés. Je ſoupirai malgré moi d'avoir appris tant de choſes qu'il me falloit oublier.

C'étoit ſur de pareils trophées que s'élevoit une table quarrée couverte d'un tapis de velours cramoiſi ; aux quatre coins fumoit dans des caſſolettes d'or un parfum plus agréable encore que ce-

 lui

lui dont j'avois jufques-là refpiré l'odeur.

Sur cette table, & au milieu des caffolettes étoient rangés fept coffres d'un pied de long fur un demi pied de large, & fur un pouce & demi d'épaiffeur. Ils étoient revétus d'un maroquin bleu, & ne paroiffoient diftingués l'un de l'autre que par les fept premieres lettres de l'alphabet, que l'on y voyoit formées par des lignes de petits clouds de diamant. Chaque coffre avoit fa lettre qui lui paroiffoit fervir d'étiquette. J'admirois & j'attendois l'explication de ces Symboles myftérieux, lorfque le vieillard rompit le filence par ces mots.

» O nature ! ô mere féconde des » verités, des vertus & des plaisirs. » Il est tems que tu régnes sur l'hom- « me, comme sur tout ce qui vit & » qui végéte. Il est le seul qui ait » voulu secouer ton joug & mécon- » noître ton empire. Il a eu l'or- » gueil de se croire l'objet de tes » complaisances, & il s'est écarté » de ton but. Acheves, ô Nature, » de perfectionner ces monumens » élevés à ta gloire. Continues d'il- » luminer les Sages qui doivent re- » nouveller l'univers. Que leurs » travaux célébres réunissent ici les » vérités de tous les lieux, de tous » les âges & de tous les tempéra- « mens. Que leur nom soit éter- nel comme toi, & que par leurs

soins

» soins bienfaisans les hommes » méritent un jour de te connoître » & de parvenir au bonheur dont » tu vas faire jouir cet étranger «.

Lorsqu'il prononçoit ces paroles ses yeux étoient enflammés, son visage se troubloit & sa voix avoit je ne sçai quoi de rauque & de majestueux. A peine eut-il fini, qu'il monte sur l'estrade qui soutenoit la table ; il m'appelle, je le suis avec une confiance mêlée de vénération & de crainte. Il ouvre alors avec respect deux ou trois des coffres que j'avois devant les yeux. J'y observois avec surprise un assemblage confus des matiéres les plus hétérogènes ; de la poudre d'or mêlée avec la limaille du

fer

fer & les scories du plomb ; des diamans à-demi cachés dans des monceaux de cendres ; les sels des plantes les plus salutaires confondus avec les poisons les plus funestes. Je disois en moi-même, » Ce sont-là sans doute les résultats du mêlange de tous les élémens. Je vas voir ici la matiére vivante, les molécules organiques, les moules & les limites de l'énergie«. Je n'eus pas le tems de réfléchir davantage. Le Cacouac, après m'avoir regardé fixement, se baisse sur le petit coffre qui étoit vis-à-vis de moi, & me souffle dans les yeux la poudre qui devoit m'élever à la perfection qui m'étoit promise.

Je

Je ne ſçai s'il me ſera poſſible d'exprimer ce qui ſe paſſa en moi-même, & je ne puis le rendre que par des images imparfaites. Je perdis pendant quelques momens l'uſage de la vûe, &, dans cet intervalle, il me ſembla que tout ce qui me reſtoit encore de mes vieilles idées ſe détachoit de mon cerveau. Je ſentois le cahos ſe former & ſe débrouiller dans ma tête, & mon ame brûler d'un feu que je n'avois point encore éprouvé : l'idée principale, celle qui me parut remplacer d'abord toutes les autres, fut celle de ma propre excellence. Elle étoit comme le fonds du tableau & ce fonds étoit vaſte ; car il me ſembloit que mon eſprit s'étendît

tendît en ſurface à l'infini , & que les objets s'y peigniſſent avec une rapidité dont j'étois étonné. Je crus que toutes les Sciences venoient s'y ranger dans l'ordre qu'elles devoient tenir entre elles ; à meſure qu'elles ſe plaçoient mon trouble diminuoit, je me trouvois pénétré de reconnoiſſance pour la Nature qui m'avoit fait un être beaucoup plus parfait que mes ſemblables ; je me fuſſe cru élevé au-deſſus de l'Humanité même, ſans le fonds de bonté que je retrouvois dans mon propre cœur, & cette pitié généreuſe que je me ſentois encore pour le reſte du genre humain : enfin j'ouvris les yeux.

Quel fut alors mon étonnement de ne plus voir ni la table, ni les petits coffres, ni la tente où tout s'étoit passé, & d'appercevoir seulement mon guide, dont la taille me paroissoit augmentée de plus de soixante pieds? cependant ma tête étoit vis-a-vis de la sienne. Je m'envisage moi-même, j'ai peine à en croire mes yeux, je me trouve d'une grandeur gigantesque, & je me sens la légèreté d'une plume. Je porte mes regards de côté & d'autre, je retrouve tous les Cacouacs que j'avois vu la veille. Je discerne leurs traits, j'entends leurs voix, ils viennent me féliciter. Hommes & femmes, tout me paroissoit avoir crû dans la même proporporportion ; cependant à peine touchions-nous la terre ; le moindre mouvement, un ſaut léger portoit nôtre tête juſqu'aux nuës.

» Tu vois, s'écria le vieillard, » l'effet de l'étude de la Nature. » C'eſt celle qui nous éleve au-» deſſus du Vulgaire ; c'eſt elle » qui met l'Univers aux pieds des » Sages. Ne t'informe point ſi cet-» te grandeur eſt réelle ou imagi-» naire ; il ſuffit pour ton bonheur » que tu te croyes grand, & pour » ta gloire que les autres ayent de » toi la même opinion. Tu détrui-» ras les préjugés ; tu feras la guer-» re aux erreurs ; tu extermineras » tous les principes que les foibles » humains ſe ſont formés, ou ont

» cru trouver dans leur cœur. Ton » devoir eſt déſormais de leur prou» ver qu'ils ont été dupes ; affer» mis-toi dans le mépris qu'ils » méritent. Ils t'en eſtimeront da» vantage. Tu peux planer dans « les Airs. Conſidéres l'Univers » du haut de ta grandeur, & ne » te rabaiſſes jamais que pour » fondre ſur les erreurs, comme » l'aigle fond ſur ſa proye «. Il dit, & s'éloigne de moi.

Je levai les yeux, mes regards s'étendoient ſur un vaſte horizon proportionné à ma taille. Je m'élançai dans les airs, rien n'échappoit à ma vue. J'appercevois des Etats entiers, & les Sociétés humaines étoient pour moi de miſérables

rables fourmilieres. Que voyois-je en effet ? Des Rois qui commandoient à des peuples, & usurpoient sur leurs sujets ces droits que s'arrogeoient les premiers peres de famille sur leurs enfans. Je disois avec emphase » Qui a donné à cet individu l'autorité qu'il » exerce sur tant de millions d'hommes ? Où est le titre de cette convention ? Il doit cependant exister, ou * leur droit seroit imaginaire. Comment ces malheureux animaux que l'on attache

* Voyez Locke, *du Gouvernement Civil*; le mot, *Autorité*, *Dict. Encycloped.* premier vol. avant l'Arrêt du Conseil qui le supprime. *Discours sur l'inégalité des Conditions*, pag. 156, 157, 158, 159 & suiv.

» au joug ; ont-ils oublié que leur » liberté eſt impreſcriptible com- » me celle des lions ? Aveugle & » miſérable genre humain tu te » vantes d'être deſtiné à la Socié- » té, & tu n'eſt né que pour l'eſ- » clavage *.

Plus loin, je voyois des Souverains qui, après des guerres longues & cruelles, faiſoient des Traités, & s'occupoient du ſoin de rétablir la paix ! » O Nature ! m'é- » criois-je, comment tes enfans » ſe ſont-ils éloignés ſi follement » de l'état heureux où tu les avois » placés ? Mere bienfaiſante, en » faiſant l'homme Sauvage, *tu avois*

* *Diſcours ſur l'inégalité des Conditions*, pag. 147 & 148.

» *écarté de lui toutes les miſéres*
» *dont il eſt ſuſceptible ;* il a voulu
» vivre avec ſes ſemblables, & il
» eſt devenu malheureux. *C'eſt la*
» *Société qui porte néceſſairement*
» *les hommes à s'entrehaïr* *. *La rai-*
» *ſon de chaque particulier lui dicte*
» *des maximes directement contrai-*
» *res à celles que la raiſon publique*
» *prêche au corps de la Société...*
» *Dans cet état de choſes, les hom-*
» *mes ſont forcés de ſe careſſer & de*
» *ſe détruire mutuellement, ils naiſ-*
» *ſent ennemis par devoir & four-*
» *bes par intérêt ; la raiſon publique*
» de l'Univers les porte à faire des
» Traités ; la raiſon particulière de
» chaque état les porte à les violer«.

* *Diſcours ſur l'inégalité des Conditions*, note 7.

Il n'eſt pas néceſſaire que j'avertiſſe ici que j'étois alors *ſous le charme*, * & dans le plus fort du délire. Cette idée qui m'a ſouvent humilié depuis m'empêchera de rendre un compte détaillé de tout ce qui m'arriva dans cet état de folie. Il ſeroit peu décent d'entretenir ici mon Lecteur de cent viſions ridicules que je ne me rappelle aujourd'hui, que comme on ſe retrace un rêve long & fatigant.

Si, pendant tout le tems qu'il a duré, je n'ai commercé qu'avec des Cacouacs, je n'ai point ici d'excuſes à demander; car ſi mes réflexions étoient abſurdes & mes

* *Entretiens* à la ſuite du *Fils Naturel.*

expreſſions inſolentes, elles ne cédoient rien à celles qui étoient tous les jours dans la bouche des principaux de la Colonie. Mais ſi ces Enchanteurs m'ont réellement conduit ailleurs, ſi j'ai malheureuſement parlé devant quelqu'homme ſenſé, ou devant quelqu'honnête Citoyen, je ne craindrai point de leur demander ici pardon de toutes les impertinences que je puis avoir dites en leur préſence.

Si, par exemple, j'avois mis les Princes qui n'ont point adopté les idées des Cacouacs dans la claſſe du *Vulgaire des Rois*; * ſi j'avois débité que ce n'eſt qu'aux Cacouacs qu'eſt dû l'hommage du

* Expreſſion Familiere aux Cacouacs.

genre humain, par cette raiſon admirable que *c'eſt à celui qui connoît l'Univers, & non à celui qui le défigure, que les hommes doivent leurs reſpects* * ; ſi en partant de-là j'avois placé mes nouveaux amis au-deſſus même des Souverains, ſi j'avois aſſuré que ce que les hommes ont toujours eu de plus ſacré, n'eſt qu'un amas de préjugés & de ſuperſtitions qui devoit faire place à la lumiere que nous étions deſtinés à répandre, je reconnoîtrois humblement qu'en répétant tous ces diſcours ſi familiers à mes Confréres, j'ai dit autant de ſottiſes qui auroient mérité une punition réelle, ſi l'on n'eût

* *Mêlange de Littérature, d'Hiſtoire &c.* Ch. 33.

eu aucun égard à l'aliénation de mon esprit.

Après cette déclaration modeste, je ne craindrai point d'avouer que tant que dura mon yvresse magique je ne pensai ni à mes parens, ni à mes amis, ni à mes anciens Concitoyens. Absolument indifférent sur les liens qui m'avoient autrefois attaché à ma Patrie, je n'en connoissois plus d'autre pour moi que l'Univers entier. Je me croyois bonnement destiné à l'éclairer, à le conduire, à le réformer; j'avois totalement oublié tous mes devoirs particuliers, & je n'envisageois plus que ce devoir général. Je ne pouvois être assez étonné que les Cacouacs n'eussent point encore été chargés de l'administration d'aucun Etat. J'espérois même que le genre humain, connoissant un jour ses besoins, & abdiquant ses préjugés, viendroit prier cette Nation bienfaisante de rétablir dans l'Univers la liberté, & l'égalité que tant de loix injustes en avoient bannies.

Mon tems se partageoit entre les plaisirs de toute espéce & les entretiens brillans que j'avois avec les plus habiles Cacouacs. Souvent je voyageois avec eux; il me sembloit que notre agilité prodigieuse égalant en quelque façon la vivacité des mouvemens de notre ame, nous nous transportassions en un moment dans les pays les

moins

moins connus de l'Univers. C'étoit là que nous découvrions mille petits faits ignorés du reste des hommes, & par lesquels nous espérions détruire un jour la créance universelle accordée aux grands événemens que toute la terre atteste ; car nous ambitionnions surtout la gloire de détruire.

C'étoit dans ce génereux dessein que nous avions soin de recueillir précisément ce qu'il y avoit de plus ridicule dans quelques usages ou dans quelques maximes de certains peuples. Nous commencions par chercher à concilier de la faveur & du respect aux erreurs les plus grossiéres : nous voulions les faire regarder comme aussi solidement

ment appuyées que les principes dont la Vérité, ou eſt reconnue par tous les hommes, ou eſt atteſtée par les monumens les plus authentiques. C'étoit à côté de ces grandes maximes que nous mettions une foule de contes apochryphes & dignes de mépris : nous en conſtruiſions une eſpéce d'édifice que nous ſavions bien qu'il nous ſeroit facile de renverſer, perſuadés en même-tems qu'il entraîneroit par ſa chûte la ruine des principes ſur leſquels les hommes de tous les tems & de tous les lieux ont poſé les fondemens de leur Société. Une noble entrepriſe charmoit ſurtout notre ambition, c'étoit de faire tomber à la fois toutes les

Religions de l'Univers. La véritable nous embaraſſoit beaucoup ; mais nous nous flations de la faire perdre de vûe dans la foule des ſuperſtitions qui caractériſoient toutes les autres. Dans cet illuſtre projet les Cacouacs ne ſe croioient point encore aſſez ſurs de leur magie, & ils étoient bonnement convenus d'employer le menſonge & la mauvaiſe-foi. Comme j'ai dit plus haut qu'ils me paroiſſoient perſuadés de leur ſyſtême, leur conduite ne laiſſoit pas de me ſurprendre ; car malgré l'enchantement je n'ai jamais pu comprendre que l'on fût obligé de mentir hardiment, pour détruire des erreurs.

Quoiqu'il en ſoit, les rolles étoient partagés entre les principaux Cacouacs ; chacun avoit ſon travail qui lui étoit aſſigné, & tous devoient concourir au but général. Le Vulgaire n'étoit deſtiné qu'à applaudir, & à débiter les grandes phraſes de ſes maîtres : pour les Illuſtres de la Colonie, voici à peu près comment ils avoient diſtribué entre eux l'uſage qu'ils devoient faire de leurs talents.

L'un s'étoit propoſé de démontrer à l'Univers que rien n'eſt moins néceſſaire que l'exiſtence d'un Dieu, & qu'abſolument parlant le monde pouvoit très-bien ſe paſſer d'un être Créateur & Conſer-

vateur.

vateur. Il ne falloit pour cela que des élémens éternels & du mouvement, l'un & l'autre néceſſaires. Cela une fois ſuppoſé, ce qui n'étoit pas plus difficile que de ſuppoſer un Dieu, le monde alloit tout ſeul; la circulation du ſang dans un ciron, le développement des germes dans une plante, & les remords qui tourmentent le ſcélérat avoient abſolument la même cauſe. Ce n'eſt pas qu'il ne fût poſſible qu'il exiſtât un Dieu, mais ce n'étoit pas la faute de l'Homme s'il n'avoit aucune preuve certaine de ſon action & de ſon influence.

Quelqu'imbécile eût pu trouver étonnant qu'un mouvement aveugle eût produit tant de merveilles

&

& tant d'arrangemens auſſi ſenſés ; qu'il eût, par exemple, placé des dents ſur le paſſage des alimens, qu'il eût mis les yeux de l'Homme au-deſſous de ſon front & non à ſes talons, ſes mains au bout de ſes bras & non à ſon oreille. Auſſi un autre Cacouac étoit chargé de mettre en parallèle, avec ces preuves d'une intelligence ſupérieure, tous les maux qui affligent l'Homme & tant d'effets ſinguliers dont il n'apperçoit point la deſtination. De ce que l'on ne conçoit pas tous les ouvrages de la ſageſſe Divine, il devoit conclure habilement qu'elle n'exiſte pas.

Le travail d'un autre avoit pour objet de trouver dans l'hiſtoire des

preuves

preuves de ce ſyſtême ſi utile : il recueilloit des faits & prouvoit que le hazard le plus aveugle avoit conduit tous les événemens. Il avoit fait une liſte magnifique de tous les ſcélérats qui avoient vécu dans la proſpérité & qui étoient morts tranquilles. Il leur oppoſoit le catalogue d'une foule de bons Rois qui avoient été infortunés, & de gens de bien qui avoient péri de miſère. S'il avoit à parler des guerres entrepriſes par un Souverain, il ſçavoit obſerver judicieuſement que la ſeule qu'il eût eu de juſtes raiſons de ſoutenir avoit été la ſeule malheureuſe : * on eût peut-

* *Eſſai ſur l'Hiſtoire Générale.* Le même Auteur, pour prouver que le monde *eſt gouverné par une*

peut-être objecté que tout devoit être compensé dans un aurre vie. Mais notre sçavant Cacouac avoit réponse à tout ; l'ame des bêtes qu'il ne connoissoit point devoit lui fournir des preuves sans réplique de la matérialité de la sienne propre. Il devoit convaincre tous les hommes qu'ils n'étoient que des pures machines, qu'un enfant & un petit chien se ressembloient à merveille, * & qu'entre une taupe & Archiméde, il n'y avoit

fatalité aveugle : remarque judicieusement que *l'Empire Ottoman qui avoit pu attaquer l'Empire d'Allemagne pendant la longue guerre de* 1701, *attendit la conclusion totale de la paix pour faire la guerre contre les Chrétiens.*

* *Voyez* le même Auteur, *Mêlange de Littérature de Philosophie & d'Histoire.*

d'autre

d'autre différence que celle du plus ou du moins de finesse des organes.

Ce même Cacouac (car c'étoit un homme universel, & le plus laborieux de tous) avoit promis à sa Nation, que s'il ne pouvoit détruire l'idée de la Divinité, il anéantiroit du moins les preuves de la Révélation. Pour réussir dans ce dernier projet, il avoit une méthode admirable. Il ramassoit les contes des Indiens, les Fables anciennes & modernes, les absurdités du Mahométisme ; tout lui étoit bon. Il affectoit de donner un air de raison à toutes ces folies qu'il plaçoit gravement à côté de la Réligion Chrétienne, sur laquelle il cherchoit à jetter le ridicule *. Il ne lui en coutoit rien pour prêter à celle-ci beaucoup d'absurdités ; car je l'ai dit, on étoit convenu dans la Colonie que l'on pourroit mentir. Restoit à détruire les preuves de fait : notre vénérable les nioit toutes, & cela lui suffisoit. Les titres les plus authentiques, les histoires les plus anciennes, les monumens les plus incontestables échappés à la ruine des tems, tout devoit être brûlé, oublié, compté pour rien.

* Je ne sçai ou l'on lit qu'en Egypte un fou s'avisa un jour d'amasser autour de la plus belle des pyramides une prodigieuse quantité de fagots ; il y mit ensuite le feu : quand ils furent réduits en cendre, il se frotoit les yeux, & étoit tout surpris de voir encor la pyramide.

Cette religion qui a triomphé de toutes les autres, s'étoit établie comme toutes les Sectes de Philosophie, sans la moindre contradiction. Déce & le sage Diocletien avoient favorisé ses progrès. L'illustre Cacouac, ne doutoit point que tout l'Univers ne dût l'en croire sur sa parole, & qu'un Sage qui avoit si bien prouvé qu'un grain de matiere peut se rappeller le passé & prévoir l'avenir, ne dût anéantir par son souffle tout-puissant les faits les plus certains.

Un autre se joignoit à cet infatigable ouvrier. Il faisoit jour & nuit des expériences pour prouver que les loix du mouvement ne s'accordent point avec la Religion révélée. Il n'avoit garde d'appeller des témoins pour obſerver ſes travaux. Mais il diſoit : » Une religion appuyée ſur des faits ne » tiendra jamais contre mes dé-» couvertes. Les hommes ont beau » dire, *J'ai vu ;* je ne dois point » les croire, ſi ce qu'ils ont vu eſt » inconciliable avec les réſultats » que me fournit la Chimie ; car » mon alembic eſt une machine » plus ſûre que leurs yeux «.

Je ne finirois point, ſi je voulois rapporter en détail toutes les occupations des Principaux de cette Nation, & j'aurois trop à rougir, ſi j'avouois ici les miennes. J'obſerverai ſeulement que la preuve la plus forte que je puiſſe donner

de

de la magie qui m'avoit aliéné l'eſprit, eſt que pendant plus de ſix mois je crus tout ce que me dirent les Cacouacs, je ſuivis leurs uſages, & j'adoptai leurs mœurs.

Cependant, ſoit que le vieillard, qui n'avoit ouvert que deux ou trois coffres, ne m'eût point ſoufflé aſſez de poudre dans les yeux, ſoit que mon ame fût d'une autre trempe que celle des Cacouacs, au bout de ſix mois je ſentis quelque vuide au fonds de moi. Peut-être le charme commençoit-il à ſe diſſiper de lui-même. Il me ſembloit que mon eſprit augmentant en ſurface, eût laiſſé évaporer la ſubſtance qui eût dû y

entretenir pour toujours la chaleur & la vie. » Il y a long-tems,
» me dis-je un jour a moi-même,
» que je suis devenu Cacouac. J'ai
» perdu des Vérités qui m'avoient
» autrefois consolé, qui m'avoient
» soutenu, qui m'avoient paru être
» le lien de toutes le Sociétés, &
» gravées dans mon cœur comme
» dans celui de tous les hommes.
» Je me trompe; ces Vérités étoient
» autant de préjugés de mon en-
» fance. C'étoient des contes de
» ma nourrice. Mais où donc est-
» elle cette Vérité dont le nom
» retentit chaque jour à mon oreil-
» le ? Ce n'est ici qu'un mot vuide
» de sens. C'est une ombre que je
» veux saisir, & qui m'échappe :
on

» on m'a tout ôté; qu'a t'on mis » à la place. Je croyois des My-» ſtères atteſtés par le monde en-» tier; on y a ſubſtitué d'autres » Myſtères beaucoup plus incom-» préhenſibles, & dont je n'ai pour » garant que la foi des Cacouacs » qui m'ont enlevé à mes parens «. A peine eus-je fait cette réflexion, qu'il me ſembla que je décroiſſois de quinze pieds, & que le même changement ſe faiſoit dans tous ceux qui m'environnoient.

Ce Phénomène me ſurprit étrangement. Il augmenta ma défiance. Je voulus voir tous les Cacouacs en particulier, & leur demander quelque Vérité qui fût à mon uſage, & me tenir lieu de quelque

 choſe.

chose. J'ai dit en commençant qu'ils en étaloient de toutes les espèces : mais lorsqu'il fut question de choisir ce qui me convenoit, je ne trouvai qu'embarras, difficultés, incertitude. Ce que l'un me donnoit pour une Vérité, l'autre le critiquoit comme une absurdité ridicule. Les Cacouacs se disputoient avec chaleur & même avec aigreur dès qu'il s'agissoit de convenir de quelque chose, & je voyois avec quelque honte & même avec un peu de chagrin, que depuis qu'ils m'avoient naturalisé, ils ne s'étoient encore accordés que sur la nécessité de tout anéantir. Lorsque j'eus fait cette triste expérience je trouvai

encore

encore ma taille dimniuée de quinze pieds, il ne m'en restoit plus que trente de soixante que j'avois auparavant. Je résolus en moi-même de m'échapper un jour & de voyager seul; bien résolu de revenir au camp, si je ne trouvois pas mieux; car au défaut de Vérité j'y avois au moins des plaisirs.

J'avois formé cette résolution lorsque les Aléthophiles, cette petite Nation dont j'ai parlé plus haut, déclarerent la guerre aux Cacouacs par un Héraut d'armes qui me parut un Pygmée. On reçut ce Député avec de grands éclats de rire; on le menaça de le donner aux enfans pour leur servir de poupée; & cependant

on

on donna des ordres pour que chacun prît les armes.

Je n'avois pas une passion bien violente de me battre pour un peuple dont j'avois quelque sujet de me défier, & dont je me dégoûtois peu à peu. Lorsque nos troupes furent assemblées, je m'y trouvai à peu près comme un Saxon dans celles du Roi de Prusse. Cependant, le combat me paroissoit devoir être si inégal, que je ne craignois point le danger, & que je doutois encore moins de la victoire.

Nous sortîmes du camp ; nous nous rangeâmes en bataille, & nous ne fumes pas long-tems sans appercevoir un détachement des Alétho-

Aléthophiles qui marchoit à nous. Notre armée s'ébranla, & l'ennemi nous attendit avec une sécurité dont je fus effrayé pour lui. Nos trompettes faisoient un fracas épouvantable. Les ennemis nous répondirent par leurs cris ; ils garderent ensuite le silence le plus profond. Mais à peine étions-nous à leur portée que leur détachement se dispersa. Nous crumes qu'ils alloient prendre la fuite, & les Cacouacs crierent victoire. Mais ce dispersement des Aléthophiles étoit une preuve de leur confiance. Ils se répandirent dans la campagne, nous environnerent & tirerent tous à la fois ce petit instrument dont j'ai déja fait mention,

tion. Un ſifflement univerſel & fort aigu vint frapper nos oreilles.

Je n'oublierai jamais ce moment; en un clin d'œil il me ſembla que tous les Cacouacs, & moi-même nous tombaſſions de vingt-cinq pieds de haut. Je me vis plus petit même, que ces ſoldats qui un inſtant auparavant étoient l'objet de notre mépris & de ma pitié. Ce n'eſt pas tout, notre armée ſe débanda en même tems. Tous les Cacouacs ſe mettent à fuïr, les uns vers le camp, les autres dans la campagne. Je courois moins vîte qu'eux. Il ſembloit que l'étonnement m'eût ôté toute mon activité. Je fus bientôt atteint par deux Aléthophiles, qui me firent leur priſon-

prisonnier. » Jeune Etranger, me » dirent-ils, nous n'en voulons ni » à ta vie, ni à tes biens. Il y a » trop long-tems que tu es la dupe » de l'illusion, il n'est pas juste que » tu en sois un jour la victime. Suis-» nous; nous te rendrons à ta Pa-» trie, à tes amis, à tes devoirs.

Hélas ! je me sentis alors si honteux de tout ce qui m'étoit arrivé, que je répondis, en détournant les yeux. » Qui que vous » soyez, je vous regarde comme » mes libérateurs; je suis prêt à me » laisser conduire. Permettez-moi » seulement de rentrer dans le » camp pour y reprendre les effets » que j'y ai laissés, & pour y de-» mander des nouvelles d'un fidé-

» le domeſtique qui eſt ſans dou» te encore au pouvoir de ces » Enchanteurs.

A ce mot d'*Enchanteur*, un des deux ſoldats ſe mit à rire : » Plai» ſant enchantement, me dit-il, » qu'il eſt ſi facile de détruire ! Au » reſte, ſi tu crains ſi fort la magie » des Cacouacs, nous ne voulons » pas que tu retombes dans leurs » piéges, & nous t'accompagne» rons jusqu'à leur camp : prends » ce ſifflet & ne crains rien «.

Nous marchâmes, & dans le chemin mes nouveaux guides m'apprirent la Nature du charme que j'avois éprouvé. Ils le connoiſſoient mieux que perſonne, & c'eſt pour cela qu'ils avoient trouvé le

moyen

moyen de le lever. Une chose m'embarrassoit seulement, c'étoient les voyages que j'avois cru faire dans je ne sçai combien de pays inconnus. J'appris que ces voyages n'avoient rien de réel; que les Cacouacs qui étoient toujours resté les mêmes pendant tout le tems que je m'étois cru un prodige, avoient le talent de faire ainsi voyager leurs prisonniers, au moyen de certaines feuilles qu'ils leur mettoient devant les yeux, & sur lesquels on avoit gravé tout ce que je croyois avoir vu dans les différentes parties du monde.

Au bout d'un quart d'heure nous arrivames au camp. Nous le trouvames désert, soit que la peur eût

empêché

empêché les Cacouacs d'y rentrer, ſoit que voyant de loin deux Aléthophiles, ils craigniſſent encor quelque coup de ſifflet & ſe fuſſent cachés. J'apperçus bientôt ma tente, nous y entrâmes. Les caſſolettes ne fumoient plus. Les roſes étoient flétries. Le livre étoit dans la boue & rongé des vers. Je cherchai mes petits meubles & mon argent, je ne trouvai rien : je cherchai encore. Enfin j'apperçus ſur ma table une lettre à mon adreſſe. Elle étoit de l'écriture de Valentin. Je l'ouvris, & voici ce que j'y lus :

MON CHER MAÎTRE,

» Tous les êtres vivans ſont » égaux par la Nature, & ont le » droit aux mêmes biens; c'eſt par » une convention libre que les » hommes ſe ſont obligés à ne ſe » point dépouiller les uns les au- » tres. La juſtice n'eſt fondée que » ſur l'intérêt; le grand & l'unique » mobile de nos actions eſt l'amour » de ſoi-même; & la loi fondamen- » tale de la Société eſt * de faire « ſon propre bien avec le moindre » mal d'autrui qu'il eſt poſſible. » Or, Mon cher Maître, j'ai be- » ſoin de votre argent : en l'em-

* Toutes ces Maximes ſont tirées des Ouvrages des Cacouacs, & la derniere eſt priſe mot à mot dans *le Diſcours ſur l'inégalité des conditions.*

portant

» portant avec moi je ne vous fais
» précisément que le tort insépara-
» ble de mon bien-être. Je vous le
» vole en votre absence ; j'aurois
» pu le ravir en vous égorgeant.
» Mais un véritable Cacouac ne
» fait jamais de mal à ses sembla-
» bles que lorsqu'il y est forcé pour
» son propre bien. Au surplus com-
» me je veux être juste, je renonce
» très-librement à tous les avan-
» tages qui pouvoient me revenir
» de la convention, sur laquelle est
» fondée la Société : je décharge
» dès aujourd'hui le genre Humain
» de toutes les obligations qu'elle
» lui impose envers moi. Je parts
» pour l'Allemagne ; & si vous
» pouvez me voler ou me faire
pendre,

» pendre, je vous le permets de » tout mon cœur. Daignez agréer » un petit préſent que je vous fais » en partant, & qui vaut pour le » moins votre montre & votre ta- » batière que j'ai cru ne point de- » voir ſéparer de votre bourſe. Ce » gage que je vous laiſſe de ma » reconnoiſſance eſt un ouvrage de » ma compoſition. Je l'ai dépoſé » dans le Magazin des Sciences & » des Arts. Il eſt intitulé : *Nouvelles* » *découvertes ſur la tragédie, ou l'art* » *de compoſer de très-belles Scènes de* » *grimaces.* Cet écrit vous prou- » vera que pour avoir étudié ici les » ſciences utiles (*a*) je n'ai pas

* Valentin avoit appris à mentir chez les Cacouacs. J'ai ſçu depuis, que l'ouvrage qu'il s'at-

» négligé pour cela les talens » agréables. Je ſuis avec le plus » profond reſpect, MON CHER » MAÎTRE, votre &c. *Signé* le Cacouac Valentin.

Je gémis lorſque je lûs cette épître ſinguliére, & je regretai ſincèrement mon pauvre valet dont j'ai depuis appris la fin malheureuſe ; plût à Dieu que mon argent & mes bijoux lui euſſent mieux ſervi ! J'embraſſai mon guide Aléthophile. J'avois le cœur ſerré & j'y ſentois naître pour les Cacouacs une haine qui ne ſe pouvoit retenir. Je marchois en ſilence, & je repaſſois avec confuſion

tribue dans cette lettre n'étoit point de lui, mais d'un des plus illuſtres de la Colonie.

ces ſyſtêmes ridicules, ces opinions abſurdes, ces maximes funeſtes, ces folies de toute eſpéce dont je m'étois ſi long-tems nourri. Mes nouveaux Maîtres me conſolèrent. » Gardes-toi de haïr ces » gens-là, me dirent-ils, ce ſe» roit ſe mettre dans un nouveau » genre de dépendance, dont ils » ſauroient encore s'applaudir. » Vas, jeune Etranger, le mépris » public eſt le ſeul châtiment dû à » l'extravagance «. Je répondis aux Aléthophiles qu'ils étoient peu ſévères. Nous continuâmes notre route. Je ſentis pendant le reſte du voyage renaître le calme dans mon ame. Je priai mes guides de vouloir bien me laiſſer le ſifflet qu'ils m'avoient confié, résolu de m'en servir dès que je verrois l'ombre d'un Cacouac. J'arrivai dans ma Patrie. Hélas! je m'apperçus qu'il y avoit long-tems que j'en étois dehors. Le dirai-je? ces Cacouacs dangereux & ridicules, ces Cacouacs que le sifflet met en fuite, je trouvai qu'on leur avoit donné le nom de *Philosophes*, & qu'on imprimoit leurs Ouvrages.

PREMIER MÉMOIRE SUR LES CACOUACS

Inſéré dans le Mercure de France, I Vol. du Mois d'Octobre, pag. 15, ſous le titre d'

AVIS UTILE.

VERS le quarante-huitiéme degré de latitude ſeptentrionale, on a découvert nouvellement une Nation de Sauvages, plus féroce & plus redoutable que les Caraïbes ne l'ont jamais été. On les appelle *Cacouacs* (1) : ils ne portent ni fléches, ni maſſues : leurs cheveux ſont rangés avec art; leurs vêtemens brillans d'or, d'argent & de mille couleurs, les rendent ſemblables aux fleurs les plus éclatantes, ou aux oiſeaux les plus richement pannachés : ils ſemblent n'avoir d'autre

(1) Il eſt à remarquer que le mot Grec *κακός*, qui reſſemble à celui de *Cacouacs*, ſignifie *méchant*.

ſoin que de ſe parer, de ſe parfumer & de plaire : en les voyant, on ſent un penchant ſecret qui vous attire vers eux : les graces dont ils vous comblent, ſont le dernier piége qu'ils emploient.

Toutes leurs armes conſiſtent dans un venin caché ſous leur langue ; à chaque parole qu'ils prononcent, même du ton le plus doux & le plus riant, ce venin coule, s'échappe & ſe répand au loin. Par le ſecours de la magie qu'ils cultivent ſoigneuſement, ils ont l'art de le lancer à quelque diſtance que ce ſoit. Comme ils ne ſont pas moins lâches que méchans, ils n'attaquent en face que ceux dont ils croient n'avoir rien à craindre : le plus ſouvent ils lancent leur poiſon par derriere.

Parmi les malheureux qui en ſont atteints, il y en a qui périſſent ſubitement : d'autres conſervent la vie, mais leurs plaies ſont incurables, & ne ſe referment jamais ; tout l'art de la médecine ne peut rien contr'elles : d'ailleurs on les prend ſouvent pour être naturelles. Ceux qui en ſont frappés deviennent des objets d'horreur, de mépris, & le plus ſouvent d'une dériſion qui n'eſt pas moins cruelle : tout le monde les suit ; leurs meilleurs amis rougissent de les connoître & de prendre leur défense.

Les Cacouacs ne respectent aucune liaison de société, de parenté, d'amitié, ni même d'amour : ils traitent tous les hommes avec la même perfidie ; on remarque seulement en eux un plaisir un peu plus vif à répandre leur poison sur ceux dont ils ont éprouvé l'amité ou les bienfaits : en ce cas, ils ont pourtant soin de l'assaisonner du suc de quelques fleurs ; car, malgré leur cruauté, ils ne perdent jamais de vue l'envie de plaire, d'amuser & de séduire.

Ils paroissent d'abord les plus sociables de tous les hommes ; ils les recherchent & veulent en être recherchés : mais tout ce qu'ils en font, n'est que dans le dessein d'exercer leur méchanceté, qui ne peut avoir aucune prise sur ceux qui ont le bonheur de n'être pas connus d'eux. Plus vous les voyez affecter de graces, de gaieté, de vivacité, plus vous devez vous en défier ; c'est ordinairement-là l'instant qu'ils choisissent pour darder leur venin : vous vous livrez à l'enjouement qu'ils vous inspirent, & vous êtes toutétonnés de l'abondance du poison qui s'est insinué dans vos oreilles, & qui vous a porté à la tête les idées les plus sinistres & les plus cruelles. Malheur à ceux qui se plaisent à les voir & à les entendre ! Quelques précautions qu'ils prennent, quelques protestations que les Cacouacs leur fassent de les épargner, ils n'ont pas plutôt le dos tourné qu'ils éprouvent leur rage.

Cependant ces Barbares, tout Barbares qu'ils sont, se craignent mutuellement, & ne s'attaquent guere entr'eux : mais quand ils rencontrent quelqu'un qui n'est pas initié dans les mysteres de leur magie, ils le poursuivent impitoyablement : du reste, parce qu'ils détestent toute vertu, ils n'en admettent aucune sur la terre, & affectent de croire tous les hommes pervers : il suffit d'être modeste, honnête, bienfaisant pour être en butte à leurs traits.

On exhorte ceux qui voyageront vers cette contrée, à se munir de bonnes armes offensives. On a observé que ces Sauvages les craignent beaucoup : à leur simple vue, ils cessent de rire & de faire rire ; ce qui est un signe assuré qu'ils sont forcés de retenir leur venin : il reflue alors ſur eux, même avec tant de violence, qu'ils périroient bientôt, s'ils ne s'échappoient promptement pour aller chercher des objets ſur leſquels ils puiſſent les dégorger : c'eſt-là leur unique occupation. On les voit courir çà & là, & roder ſans ceſſe dans cette vue.

Les hommes les plus barbares que l'on ait découverts juſqu'ici, ne ſont point ſans quelques qualités morales ; les inſectes les plus déplaiſans, les reptiles les plus venimeux, ont quelques propriétés utiles. Il n'en eſt pas de même des Cacouacs : toute leur ſubſtance n'eſt que venin & corruption ; la ſource en eſt intariſſable & coule toujours. Ce ſont peut-être les ſeuls êtres dans la nature qui faſſent le mal préciſément pour le plaiſir de faire du mal.

On a des avis ſûrs que quelques-uns de ces monſtres ſont venus en Europe ; ils ſe ſont appliqués à contrefaire le ton de la bonne compagnie, pour s'y introduire & s'y mieux cacher : on les rencontre dans les cercles les plus agréables. Ils recherchent particuliérement la ſociété des femmes qu'ils affectent d'aimer ; mais c'eſt contr'elles qu'ils exhalent leur venin de préférence. Il seroit difficile de fixer des indices certains pour les reconnoître : on conseille seulement de se défier des gens qui plaisantent surtout ; on découvre tôt ou tard que ce sont des Cacouacs.

FIN.

www.ingramcontent.com/pod-product-compliance
Lightning Source LLC
Chambersburg PA
CBHW060625100426
42744CB00008B/1509

9782012754614